Spiekeroog

und der Mü-Mi-Club

Für unsere Enkel

Text: Sabine Brendlin

Illustration: Gabi Loos, Hermann Lietz Schule Spiekeroog

© 2019 Sabine Brendlin
Herstellung und Verlag:
BoD - Books on Demand, Norderstedt
ISBN: 9783749432592

Wie der Mü-Mi-Club entsteht

Ich erzähle euch die Geschichte vom Mü-Mi-Club, der auf Spiekeroog gegründet wurde.

Ein Junge, Ari heißt er, ist mit seiner Großmutter - "Omi" nennt er sie - auf der wunderschönen Nordsee-Insel Spiekeroog.

Ari und Omi verbringen hier ein paar Ferientage und sind viel draußen unterwegs. Heute spielen sie das Spiel "Schau mal...". Das Spiel "Schau mal... ist ganz einfach, macht aber zumeist doppelt glücklich. Dabei ist immer abwechselnd einer dran und zeigt dem anderen, was er gerade sieht und was ihm gut gefällt. Und, na ja, auch was ihm dazu einfällt, oder was er dazu wissen möchte, kann genannt werden. Wenn das nicht möglich wäre, wäre der Mü-Mi-Club nie gegründet worden.

Wohl auch nicht, wenn sie an diesem Tag das Spiel "Hör mal..." gespielt hätten. Und was gibt es auf einer Nordsee-Insel ohne Autolärm nicht alles zu hören? Der Wind in den Bäumen des Sonnentauwäldchens klingt anders als der Wind in den Gräsern der Salzwiesen. Klar, die erzählen ja auch völlig unterschiedliche Geschichten. Die Seevögel im Chor ihrer einzigartigen Stimmen, ganz selten mal das Schiffshorn, die Stille.... Habt ihr die Stille schon mal bewusst angehört? Das ist doch nicht nichts!

Aber Ari und Omi spielen an diesem Tag das Spiel "Schau mal...".

"Schau mal, wie die Tothölzer auf dem Waldboden des Friederikenwäldchens aussehen: wie Urtiere. Ich sehe hier ein Krokodil."

"Schau mal, wie die Krähenbeerenbüsche an manchen Stellen so rostrot leuchten, dass sie mit den Ebereschen-Beeren Ton in Ton gehen - Partnerlook!"

Ihr merkt schon, es muss Herbst sein als Ari und Omi hier entlang spielen.

"Schau mal, wie glänzend weiß die Möwen auf dem blitzeblauen Himmel scheinen - wie kleine Segelboote."

Und ihr merkt, es muss sogar ein besonders schöner Herbsttag sein, an dem der Mü-Mi-Club gegründet wird.

"Schau mal, ein Hase hoppelt in das Unterholz des Birkenwäldchens."

"Schau mal, ein Fasan auf der Kuppe der Düne da drüben!"

Und als sie aus den Dünen zum Strand hinuntersteigen sagt Ari plötzlich:

"Schau mal, das ist ein großer Drahtkorb und da liegt viel drin. Was ist das?"

Ari und Omi gehen hin, um sich die Sache näher anzuschauen. Der Korb ist voller Müll und überwiegend ist es Plastikmüll.

Wo kommt denn nur dieser ganze Müll her?

Die Körbe tragen ein Schild auf dem steht:

" Strand Müll Box."

Die Inselverwaltung bittet um Mithilfe, denn der Müll kommt aus dem Meer. Jeder, der Müll am Strand findet, wird gebeten, diesen in einen der Metallkörbe zu werfen, damit er richtig entsorgt werden kann und keinen Schaden mehr anrichtet.

Ari und Omi bekommen einen gehörigen Schrecken: so viel Plastikmüll wurde hier am Strand dieser schönen Insel angespült!

Sie setzen sich neben das Drahtgestell in den Sand und sprechen über Müll.

Ein seltsames Thema in den Ferien, findet ihr? Wer weiß, ob das nicht die beste Zeit ist, um sich damit zu befassen!

Ari und Omi sprechen vor allem über Plastikmüll im Meer. Sie denken an verendete Wale, Fische, Vögel oder Schildkröten, die das Zeug gefressen haben und daran gestorben sind oder sich darin verheddert haben und auch dadurch elendig zugrunde gingen. Sie sprechen aber auch darüber, was passiert, wenn die Planktonfresser, das sind Tiere, die sich von ganz kleinen Lebewesen ernähren, kleine Plastikteile verschlucken und wiederum gefressen werden und dann schlussendlich das Zeug zu uns wieder auf den Teller kommt, wenn wir Fisch essen.

Ari und Omi versuchen sich die Menge an Müll im Meer vorzustellen, die im Durchmesser einen größeren Teppich bildet als ihr Reiseweg zur Insel lang war. Und sie waren doch so viele Stunden unterwegs!

Sie können es sich nicht richtig vorstellen.

Bevor sie anfangen trübsinnig zu werden, besprechen sie lieber, was man denn dagegen tun könnte. Ja, die Beiden - ein noch nicht ganz großer Junge und eine noch nicht ganz alte Omi - beschließen, dass es allemal besser ist, zu überlegen, was man auch mit kleinen Kräften tun könnte.

Omi posaunt:"Müll minimieren! Darum geht es!"

Ari fragt:"Mi-ni-mie-ren?"

Omi fuchtelt wild mit den Händen: "Das heißt, die Müllmenge verkleinern, gar nicht erst so groß werden lassen."

Ari nickt und sagt: "Gemeinsam geht das aber besser!" Das Zauberwort "gemeinsam" hat ihm schon als ganz kleiner Kerl gefallen. Und Recht hat er!

Stellt euch mal vor, man wollte ganz alleine versuchen, Müll zu minimieren. Wie schwer wäre das! Ginge das überhaupt?

Ari sieht plötzlich vor seinem inneren Auge eine ganze Armee von Plastiksoldaten, gegen die er kämpfen soll.

Omi greift Aris "gemeinsam" auf. Schließlich haben sie unter diesem Motto schon so Vieles gelernt und viel Spaß gehabt.

"Man müsste sich zusammentun..." sinniert sie und Aris Augen leuchten.

"...einen Club gründen!" Omi hebt die Hand, "give me five", und Ari schlägt ein.

"Aber geheim!" - "Aber geheim! Wir gründen den Müll-Minimier-Club. Mü-Mi-Club genannt!"

So beschließen sie es und vereinbaren regelmäßige Clubbesprechungen.

Vielleicht müssen diese Besprechungen wirklich geheim sein, denn Aris Eltern und Omis Mann - das ist der Opi - werden vielleicht nicht von allem begeistert sein, was die Beiden aushecken und ausprobieren.

Und daran merkt ihr, dass die Beiden es wirklich ernst meinen. Sie möchten nicht nur ein Ferienabenteuer daraus machen, sondern sie wollen hier auf Spiekeroog herausfinden, worum es geht und erste Schritte machen, denn der Müll im Meer entsteht Zuhause im Alltag.

Hättet ihr das gedacht?

Eines Tages brauchen die Beiden Verstärkung, das ist klar und weil sie noch nicht ahnen, dass ihr gerade vom Mü-Mi-Club hört, denken sie zuerst an Aris Geschwister, Cousinen und Cousins. Wenn die soweit sind, dass sie "Mü-Mi" sagen und mitmachen können, wollen sie diese als Neumitglieder gewinnen.

Ari und Omi sitzen also im Sand neben der Strand Müll Box und skandieren zweistimmig ihren neuen Slogan: "Mü-Mi, Mü-Mi, Mü-Mi!"

Klingt fast wie ein Schlachtruf, findet ihr nicht?

Eine Weile sitzen sie noch beim Drahtkorb:

"Schau mal, wie die Sonne langsam dem Horizont entgegen sinkt."

Auf dem Weg zur Ferienwohnung spielen sie aber "Spür mal...".

Sie spüren den Wind, die letzten Sonnenstrahlen, Hunger und ein bisschen Stolz und Aufregung wegen des Mü-Mi-Clubs, der heute am Strand von Spiekeroog gegründet wurde. Denn, das spüren sie auch, dass es beim Müllminimieren um eine große und nicht ganz leichte Sache geht.

Erste Mü-Mi-Mission auf der Insel und ziviler Ungehorsam

Am nächsten Morgen planen Ari und Omi einen Müll-Finde-Tag am Strand.

Ausgerüstet mit zwei alten Tüten marschieren sie los.

Heute könnte ihr Spiel eher lauten: "Ich sehe was, was du nicht siehst."

Denn am Schluss der Suchaktion wollen sie schauen, wer von ihnen mehr gefunden hat.

Als sie sich zur vereinbarten Zeit an der Strand Müll Box treffen, spielt das aber gar keine Rolle mehr. Und das hat zwei Gründe: Ari und Omi haben festgestellt, dass auch andere "ungefiederte Strandläufer" - wisst ihr, wie gefiederte

Strandläufer aussehen? - Müll sammeln und zu den Boxen bringen.

Der zweite Grund hat mit einem Schrecken zu tun. Denn Ari fragt: "Wenn wir Müll richtig entsorgen, haben wir dann Müll minimiert?" Und Omi bekommt ganz große Augen und sagt: "Nein, eigentlich nicht. Wir haben nur etwas dazu beigetragen, dass vorhandener Müll etwas weniger

Schaden anrichten kann. Aber kleiner wurde der Müllberg dadurch noch gar nicht wirklich."

Ari ist enttäuscht:"Dann haben wir heute noch gar nicht Müll minimiert?"

Die beiden ersten Mü-Mi-Club-Mitglieder - Mü-Mi-Mis nennen sie sich - sitzen also heute wieder beim Drahtkorb und halten ihre erste ernste Beratung ab.

Das Müllsammeln am Strand ist wichtig, ja, aber wie können die Beiden beginnen, Müll zu reduzieren? Was können sie tun, damit erst gar nicht so viel Müll entsteht?

Was würdet ihr den Beiden denn nun raten?

Sie überlegen: Müll kann man nur minimieren, indem weniger Müll hergestellt wird. Unter Müll, darauf einigen sich die Beiden, versteht der Mü-Mi-Club all die Dinge, die nicht von alleine wieder in den natürlichen Kreislauf der Natur eingehen können. Und bei diesem Gedanken schicken Ari und Omi den Würmern in Omis Wurmkiste zuhause ein paar Grüße. Das sind doch wirklich fleißige Kollegen, die gar keinen Urlaub machen.

Omi erzählt Ari von ihrer Omi-Ella. Die wurde in einer Zeit groß, als es noch kaum Müll gab, zumindest keinen Plastikmüll, weil nichts künstlich verpackt wurde. Es gab Tante-Emma-Läden, wo man seine Nahrungsmittel höchstens in Papiertüten verpackt bekam.

Das waren Zeiten! Aber was können sie Beide, was kann der Mü-Mi-Club denn nun tun?

Sie wollen künftig auf Verpackungen achten. Wo immer möglich, wollen sie das, was sie brauchen, ohne Plastikverpackung kaufen. Ein bisschen mulmig wird ihnen, wenn sie daran denken, was die Eltern und Opi dazu sagen werden.

Manches muss jetzt gegen den Strich gehen, das ist klar.

Und das fängt gleich heute an. Aris Mama hat eine Nachricht geschickt. Leider ist Aris Shampoo zuhause stehen geblieben. Sie mögen doch bitte im Edeka ein neues kaufen.

Aber da sagt die Omi: "Das machen wir nicht! Steh auf, Ari! Wir gehen ins Nationalpark-Haus Wittbülten. Da gibt es Trockenshampoo. Teuer zwar, aber kein Plastik drum und kein

Mikroplastik drin. In Papier verpackt. Das holen wir dir."

Somit scheint für Omi der Mü-Mi-Tageserfolg doch noch gesichert. Wenn sie nicht so schnell losstapfen würde und in kämpferischer Laune vor sich hinmurmeln würde " ...und der zivile Ungehorsam beginnt.", hätte Ari sie gerne über Mikroplastik ausgefragt. Im Wittbülten, dem Naturkundemuseum zum Anfassen, vergisst er aber seine Frage, weil er dort so viel über das Wattenmeer und die Tierwelt der Nordsee und auch über die Gezeiten erfährt, dass er einfach nur staunen kann.

Die Feinde des Mü-Mi-Clubs

Nach dem Duschen am nächsten Morgen sind Ari und Omi guter Laune. Die Haarwäsche mit dem Trockenshampoo, einer kleinen runden Haarwaschseife, hat gut geklappt.

Aris Haare duften und Omi kämpft erfolgreich das auftauchende schlechte Gewissen nieder, das sie spürt, wenn sie an Opi denkt. Für den soll alles immer so billig wie möglich sein, behauptet Omi.

Ari kann das nicht ganz nachempfinden. Bei ihm zuhause spielt Geld nicht diese Rolle.

Aber Omi und Opi kommen aus Familien, in denen es keinen Luxus gab und wo man sparen musste. Als Omi nun beginnt, mit Ari über die Feinde des Mü-Mi-Clubs zu sprechen, wird es für ihn wieder spannend.

"Ein Feind", sagt Omi, "ist tatsächlich der höhere Preis. Alles, was Du in Läden kaufst, die auf Plastikverpackungen verzichten, ist erst mal teurer.

Somit werden die "bestraft", die Müll minimieren möchten. Und Menschen, die wirklich sparsam leben müssen, können da dann gar nicht einkaufen.

Aber auch hier auf der Insel ist ja alles ein bisschen teurer. Das hat damit zu tun, dass alles mit dem Schiff vom Festland rübergebracht werden muss. Und wer diese Insel genießen möchte mit all ihren Vorteilen, der nimmt das gerne in Kauf."

"Dann darf also alles, was uns wichtig ist auch einen höheren Preis haben?", fragt Ari.

"Stimmt!", nickt Omi, "Im Grunde ist der höhere Preis nur eine erste und vergleichsweise kleine

Hürde. Der größere Feind ist unsere innere Haltung, alles unterschiedslos so billig wie möglich zu erhalten. Und wenn wir dieser Haltung folgen, ist der Preis die verschmutzte und zerstörte Umwelt. Wenn wir eine gesunde Umwelt wünschen, ist es eben nur richtig, für die entsprechenden Produkte beziehungsweise höheren Werte mehr zu bezahlen."

"Höhere Werte?", fragt Ari.

"Na ja, wenn du mehr Geld ausgibst für weniger Müll, also Produkte ohne Plastikverpackung zum Beispiel, dann hast du zugleich auch in zwei "höhere Werte" investiert.

Erstens etwas, das dich direkt betrifft, denn viele Plastikverpackungen können gesundheitsschädliche Stoffe abgeben. Der erste höhere Wert ist also deine Gesundheit. Du isst dann Gemüse ohne schädliche Stoffe aus der Plastikverpackung.

Und der zweite "höhere Wert" ist eben eine gesündere Umwelt, was dir aber auch wieder zugutekommt. Denk an unser Gespräch über den Plastikmüll im Meer, der bereits in die

Nahrungskette aufgenommen wurde und uns so wieder erreicht.

Doof ist eben nur, dass wir so lange die Augen zumachen können weil wir von der Umweltverschmutzung nicht unmittelbar etwas merken. Du weißt schon, die Jacke ist einem halt nie so nah, wie das Hemd.

Und von dem gesünderen Produkt merkst du auch nicht gleich was. Du kannst lange unbehandeltes Gemüse vom Wochenmarkt essen und wirst dich deshalb kaum gleich viel besser fühlen. Darum...", seufzt Omi, "...ist es umso schwieriger den Feind "Billigheimer" in uns zu bekämpfen.

Ari wird das jetzt zu viel. Er fragt: "Und was machen wir nun heute?"

Die Beiden beschließen, heute plastikfrei einzukaufen. Und das geht für einen Tag sogar erstaunlich gut. Bei manchen Dingen auf ihrem Einkaufzettel müssen sie zwar ein Weilchen überlegen, wie sie diese ersetzen können, aber Obst und Gemüse können sie einfach aufs Band legen und der Bäcker gibt ihnen freundlicherweise die Brötchen direkt in ihren Stoffbeutel. Zugegeben,

Herzklopfen haben sie schon, als sie darum bitten. Aber sie nennen diesen Tag den Augenöffner-Tag, denn erst durch diese Übung nehmen sie wahr, wo überall Plastik dran und drum ist.

Und in der freien Natur genießen sie heute ganz bewusst die "Vitaminbombe Sanddornbeere", direkt vom Strauch in den Mund. Wie ihnen das schmeckt und wie sie etwas spüren von Dankbarkeit!

Abends unterhalten sie sich über ihre Erfahrungen: was sie zuerst automatisch in den Einkaufskorb gelegt hatten und dann wieder zurücklegten. Wie sich das anfühlte.

Ari fand das zum Teil auch ganz schön frustrierend und Omi fragt sich, wie das auf Dauer gehen soll.

Wie wäre das im Alltag, wenn sie nicht nur einen Tag sondern immer mal wieder plastikfrei einkauften?

Aller Anfang ist ja bekanntlich schwer, aber vielleicht ist für Mü-Mi-Mis auch das Durchhalten und Dranbleiben eine echte Herausforderung. Was meint ihr?

Wolkenlesen und Auslesen

Ich verrate euch nicht, ob Ari und Omi ihr plastikfreies Einkaufen noch einen Tag länger oder gar die letzten Ferientage fortgeführt haben. Schließlich soll ihr nicht denken, man wäre nur gut, wenn man das plastikfreie Einkaufen immer und ganz und gar hinbekommt. Das stimmt nämlich nicht. Wenn ihr Mü-Mi-Mis wäret, wüsstet ihr, wie schwer das sein kann, und ihr versteht sicher auch, dass es nicht darum geht, alles perfekt zu machen. Das was für euch selber zählt, das findet ihr auch selber heraus.

Ganz wichtig ist der Spaß an der Sache, das kann ich euch sagen. Mü-Mi-Mis sind Pioniere und Erfinder.

Und darum seht ihr Ari und Omi heute auch, wie sie entspannt im Sand liegen und die weißen Wolken betrachten, die immer neue Bilder entstehen lassen.

Das Spiel des Tages lautet "Wolkenlesen". Andere mögen Kaffeesatz lesen, Ari und Omi aber erzählen sich, was sie in den Wolkengebilden erkennen: ein Riese, ein Baum, eine Kuh, ein Schiff und so weiter.

Träge sagt Ari: "Wenn wir schon vor unserer Reise den Mü-Mi-Club gegründet hätten, dann hätten wir ganz anders gepackt und gar nicht erst so viel Müll mit auf die Insel gebracht."

Ja ist das möglich?

Und da die Beiden aus allem ein Spiel machen können - aber das habt ihr ja schon bemerkt - fangen sie sogleich an zu spielen "Ich packe meinen Koffer und nehme mit - anstelle von ....".

Statt Shampoo Trockenshampoo

Statt dem Plastikkamm die Holzbürste

Statt der Plastikzahnbürste die Holzzahnbürste

Statt den Einweglappen und Feuchttüchern die Baumwollläppchen (für die hat Omi sowieso eine Vorliebe).

Statt Plastikflasche Alutrinkflasche oder Glas.

Es macht den Beiden richtig Spaß, ihrer Phantasie freien Lauf zu lassen, aber sehr lang wird die Liste dennoch nicht und so ist das Spiel schon bald wieder aus.

Ari seufzt: "Wenn wir nur andere Mü-Mi-Kinder fragen könnten. Was denen wohl noch einfiele?"

Ich muss euch das ans Herz legen. Nicht dass es Ari und Omi die Laune verdorben hat.

Aber wenn der Mü-Mi-Club eine tolle Mü-Mi-Reise-Liste hätte, das wäre schon was.

Die könnte man zuhause schon den Eltern an die Hand geben: "Hier meine Mü-Mi-Reise-Pack-Liste!" Die würden staunen - und bestimmt mitmachen.

Oder nicht?

Ari und Omi beschließen den Tag in der Ferienwohnung, indem sie überlegen, wie sie es Zuhause bewerkstelligen können, plastikfreier einzukaufen.

Es gibt da in der nächstgrößeren Stadt einen sogenannten Unverpacktladen. Den könnten sie hin und wieder aufsuchen. Und vielleicht können sie ja auch das eine oder andere selber machen, was man ansonsten nur mit Plastikverpackung erhält.

Da tut sich ein weites Feld auf! Sie kommen in Abenteuerstimmung. Ihre Gedanken springen hin und her. Sie planen und verwerfen, sodass sie darüber ganz müde werden.

Aneinander gekuschelt schlafen sie ein.

Das Selbermachen geht los

Am nächsten Tag seht ihr Ari und Omi auf einem wunderschönen Weg im Friederikenwäldchen. Ihr hört sie nicht, denn sie schweigen. Und das aus folgendem Grund. Eben spielen sie "Spür genau hin..." und dies mithilfe einer Sanddornbeere im Mund.

Gewinner ist, wer es am längsten aushält, so viel wie möglich von der Beere zu spüren, ohne sie zu zerbeißen oder zu schlucken. Das winzige kleinkratzige Ei mit Stielchen möchte immer wieder den Hals hinunter.

Diesmal gewinnt Ari. Erstaunlich, wie viel stärker und voller der Sanddorngeschmack von nur einer Beere nach dieser Vorbereitung ist.

Jetzt könnt ihr auch wieder hören, wie die Beiden miteinander reden.

Sie beschreiben sich ihre Empfindungen: die leichte Rauhheit mit Glätte verbunden, die Form, weiche und harte Bereiche, die Spitzigkeit des Stielansatzes, der Moment wenn der warme Saft in die Mundhöhle spritzt, Säure mit Süßigkeit gepaart, der Moment, wenn die Zähne auf den Kern treffen, der Moment, wenn sie ihn lustvoll knacken... .

Ich möchte euch empfehlen, dieses Spiel auch einmal zu spielen. Am besten in Gemeinschaft und am allerbesten auf Spiekeroog.

Wenn ihr jetzt nicht gerade an eine Sanddornbeere gelangt oder nicht eben mal nach Spiekeroog fahren könnt, tut es vorerst auch eine Rosine.

Zurück zu Ari und Omi: eben doziert Omi über den hohen Vitamin-C- Gehalt der Sanddornbeeren. Das tut sie gerne, etwas über Pflanzen zu erzählen. Und Ari- mittlerweile gestandenes Mü-Mi-Mi -

kommentiert: "Und Obst direkt vom Strauch, unverpackt und ohne Reise oder Lagerung!"

Omi verlässt gerade das Sanddornthema und wendet sich der Hagebutte zu. "Die enthält noch mehr Vitamin C."

Da fällt Ari was ein: "Wenn wir von denen eine Handvoll sammeln und trocknen, dann haben wir ein schönes Mitbringsel für meine Mama. Dann braucht sie einmal weniger Vitamin-C-Kapseln zu kaufen."

Gesagt getan. Beim Reitstall stehen einige Hagebuttensträucher, die viel Frucht tragen. Ihre dunkelrote Beerenpracht leuchtet schon von Weitem.

Sie pflücken zwei Hände voll.

Omi trällert "Ein Männlein steht im Walde ganz still und stumm...", was Ari peinlich ist. Er ist jedoch nachsichtig mit seiner Omi. So ist sie nun mal.

Zurück in der Ferienwohnung beginnen sie, die Früchte von ihren Kernen zu befreien. Das ist eine mühselige und juckende Angelegenheit. Die Kernchen tragen Haare, die sich mit ihren kleinen

Widerhaken in der Haut festsetzen und das juckt dann. Aus diesen Kernen wird also das sogenannte Juckpulver gemacht.

Ihr erster Eifer fühlt sich schon bald wie Heldentum an und die Beiden realisieren: dies ist eine andere Form von Preis, den man zahlen kann für das Müll-Minimieren. Im Selbermachen steckt Mühe und Zeit und wie im Fall der Hagebutten kann es auch unangenehme Folgen haben.

Aber als die Hagebuttenschalen rot und rein auf dem Teller zum Trocknen ausgebreitet liegen und ihre Hände und Arme gewaschen sind, sind sie doch stolz und nicken sich zu: "Juckt schon fast gar nicht mehr." "Ach was... ."

Bei vorsichtigem Arbeiten hält sich das Jucken wirklich in Grenzen.

Omi erinnert Ari an das Gespräch über die Feinde der Mü-Mi-Mis.

"Aber heute," sagt sie, "heute haben wir auch die ersten Freunde der Mü-Mi-Mis kennen gelernt.

Ari guckt sie fragend an.

"Der erste Freund ist die Idee, der Einfall. Wenn du einmal offen bist für irgendetwas, zum Beispiel das

Selbermachen, dann siehst du plötzlich Dinge, die dazu passen, die zu rufen scheinen: hier bin ich, versuch´s mit mir."

Der zweite Freund ist die Experimentierfreude. Lesen, fragen, forschen, ausprobieren. Das gehört dazu. So bekommt man Erfahrung, Mut und Ausdauer.

Und der dritte Freund ist das lohnende Ziel. Hier in unserem Fall das selbstgemachte Vitamin-C-Präparat aus der Natur für deine Mama.

Was Besseres gibt es nicht und stolz können wir sein."

Ari und Omi stoßen darauf mit leckerem gekühlten Sanddorn-Tee an. Dann zückt Ari einen Stift und murmelt während er schreibt: "Das sind schon mal mehr Freunde als Feinde."

Ich zeige euch seine Aufstellung:

Feinde des Mü-Mi-Clubs:
1. Eigene Billigheimer-Mentalität
2. Höhere Ausgaben
3. Mehr Mühe

Freunde des Mü-Mi-Clubs
1. Einfälle
2. Experiementierfreude
3. Erfahrung
4. Mut
5. Lohnende Ziele

Aber Ari und Omi haben gerade mal eben den ersten Versuch gemacht, durch Selbermachen Müll zu minimieren.

Wenn die Beiden wüssten, was man alles selber machen kann!

Bei all den Fertigprodukten, die angeboten werden, wissen nur noch wenige Menschen, wie viel man ganz leicht selber machen kann.

Ich denke, wenn Ari und Omi wieder zuhause sein werden, werden sie noch viel entdecken und ausprobieren können.

Letzter Inseltag für Ari und Omi

Ari und Omi müssen packen. Dieser letzte Tag auf Spiekeroog ist eine seltsame Mischung von Wehmut, aufkommendem Reisefieber und

Vorfreude auf das Wiedersehen mit Aris Eltern und Opi.

Aber es ist Ari und Omi auch ein bisschen bang, wenn sie an ihren Mü-Mi-Club denken.

Wird er zuhause unter Alltagsbedingungen bestehen können?

Werden sie es schaffen, ihren Zielen treu zu bleiben?

Werden sie weiter gute Ideen und Durchhaltevermögen haben?

Als sie die Hagebuttenschalen für Aris Mama in ein Marmeladenglas füllen, fassen sie wieder Mut. So wunderschön leuchten die in dem Glas, dass es ihnen ist, als könnten sie das Licht der Insel und ihre Farben mit nachhause nehmen.

Ari grinst: " Und als Mü-Mi-Mis verpacken wir dieses Geschenk natürlich nicht. Wäre auch schade drum!"

Aber es soll trotzdem als Geschenk gestaltet werden.

Aus seiner Hosentasche zieht er ein Stück rote Schnur, die er am Strand gefunden hat. Sieht aus wie ein Rest von einem Fischernetz.

Ihr müsst nämlich wissen: Omi sammelt überall Steine und Muscheln und hat zumeist in jeder Hosentasche ein schönes Exemplar. Das hat schon ihr Großvater so gemacht und diese Tradition behält sie bei.

Ari jedoch sammelt alles, was nützlich sein könnte.

Und darum kommt diese Schnur jetzt gerade recht.

Dreimal um das Glas geschlungen direkt unterhalb des Deckels, zwei Muscheln mit Loch aus Omis Sammlung daran befestigt und ein kleiner grüner Zweig daran und schon kommt das Mitbringsel in wunderschöner Gestalt daher.

Die zwei wackeren Mü-Mi-Mis nehmen sich vor, künftig Geschenke so wenig wie möglich zu verpacken, oder höchstens mit Naturmaterialien.

Der Herbst ist da und ihr könnt euch vorstellen, dass Ari und Omi mit diesem Vorhaben schon jetzt Lust auf Ideen für die Weihnachtsgeschenke haben. Vielleicht mehr als je zuvor. Weihnachtsgeschenke selber zu machen und diese kunstvoll nicht zu verpacken.

Nach dem Packen gehen Ari und Omi nochmal raus zum Spielen. Es bläst heute ein böiger Wind, der

Wolken wie Schafherden über den Himmel treibt. Und Ari und Omi lassen ihrer Phantasie freien Lauf. Sie spielen: "Ich stell mir vor, ich wär...". Tolle Dinge kommen dabei raus, aber die darf ich euch nicht verraten.

Spielt das Spiel doch selber mal. Am besten - ihr wisst schon - gemeinsam mit anderen.

Was ich euch aber sicher sagen kann: Ari und Omi sind echte Mü-Mi-Helden. Das müssen sie sich gar nicht vorstellen. Das sind sie wirklich.

Abreise von Spiekeroog

Der Mü-Mi-Club verlegt seinen weiteren Wirkungsort nach Süddeutschland, denn dort kommen Ari und Omi her.

Aber wo auch immer ihr herkommt, kann auch dort der Mü-Mi-Club tätig sein, wenn ihr Müll-Minimierer werdet.

Auf der Fähre schauen Ari und Omi so lange wie möglich zur Insel zurück und prägen sich die geliebte Insel ein: von der Westspitze und soweit ihre Augen sehen bis Osten zum Windrad und Wittbülten.

Sie scannen das Bild hinter ihre Augen und speichern es ab unter "geliebte Orte". Diesen inneren Ordner braucht man, wenn man im Alltag einen Ruhepunkt sucht. Dann kann man den Ordner öffnen und wie durch eine geheime Tür für eine bestimmte Zeit an diesen Ort gelangen und vielleicht sogar hören, riechen, spüren, was zu diesem Ort gehört.

Im Zug - was meint ihr, was Ari und Omi da machen?

Richtig! Sie spielen ein Spiel. Ihr Spiel heißt: "Ich schenke dir eine schöne Erinnerung..."

Was sie sich alles so hin und herreichen!

Die Seehunde am Oststrand.

Das leckere Eis von der Strandkuh, Sanddorneis vor allem.

Der Besuch im Wittbülten.

Und so weiter... .

Aber ganz oben steht bei Beiden die Gründung des Mü-Mi-Clubs. Sie denken an alles, was sie besprochen und schon ausprobiert haben. Das ist doch etwas Besonderes, was sie mitnehmen von der Insel und was sie gemeinsam - denkt an ihr Zauberwort! - weiterführen können.

Ja, selbst über die Erfahrung mit den juckenden Hagebuttenkernen lachen sie im Rückblick.

Als die Landschaft hinter den Zugfenstern sich ändert und die Häuser nicht mehr friesisch aussehen und der Himmel drückender erscheint, versandet ihr Spiel.

Nach einer Weile beschließt Omi, dass dieser Moment ein ordentliches Vesper braucht, damit die Stimmung nicht entgleist, wie sie es ausdrückt.

Also fischt sie die Vespertüten und Brotbox aus dem Rucksack, nickt Ari zu und sagt: "Genieß nochmal die leckeren Brötchen vom Backdeck."

Doch Ari schaut traurig auf seine Brotbox hinunter.

Ein fragender Blick von Omi, da hebt er ihr die Box entgegen und sagt: "Die Vesperbox...., die ist aus

Plastik, aber die hast du mir doch mal geschenkt."
Ratlos zuckt er die Schultern.

"Ja, lieber Mü-Mi-Kollege", lacht Omi ihm ins
Gesicht. "Als ich dir diese Brotbox kaufte, habe ich
mir noch keine Gedanken über Plastikmüll
gemacht. Da war mir nur wichtig, dass auf der Box
ein Löwe prangt. Denn Ari bedeutet doch Löwe.
Aber weißt du: bloß weil wir jetzt Mü-Mi-Mis sind,
müssen wir nicht alle vorhandenen Plastikgefäße
wegwerfen. Das würde den Müllberg sogar
vergrößern. Solange sie noch brauchbar sind,
können wir die auch benutzen. Oder wenn wir sie
nicht mehr für Lebensmittel nutzen wollen, können
wir was Anderes reintun. Zum Beispiel kannst du
in dieser Löwenbox auch Stifte aufbewahren, falls
sie dir peinlich ist...?" Omi blinzelt Ari zu, doch der
schüttelt den Kopf: "Nein, nein!"
"Du bekommst jedenfalls irgendwann von mir eine
schicke Brotbox aus Metall. So hat eben alles seine
Zeit und passt irgendwann nicht mehr.", beschließt
Omi.

"Aber du passt mir immer.", sagt Ari. "Du mir auch.", sagt Omi und schließt ihren Enkel in die Arme.

Und hier müssen wir Abschied von den Beiden nehmen.
Jetzt kommt es darauf an, welche Abenteuer ihr als Müll-Minimierer besteht.

Ob auf Spiekeroog oder Zuhause, ich wünsche euch viele tolle Erfahrungen als Müll-Minimierer.

Und falls ihr mögt: Herzlich Willkommen im Mü-Mi-Club!